www.ingramcontent.com/pod-product-compliance
Lightning Source LLC
Chambersburg PA
CBHW061339120726
48001CB00002B/939

القواعد الستون للتعامل مع الأجانب

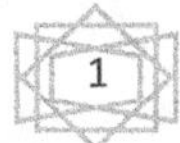

دار حروف منثورة للنشر والتوزيع

الطبعة الأولى

الكتاب: القواعد الستون للتعامل مع الأجانب

المؤلف: د. رباب حسين العجماوي

تصنيف الكتاب: تنمية بشرية

تصميم الغلاف: فريق الدار

تنسيق داخلي: فريق الدار

مراجعة لغوية: فريق الدار

رقم الإيداع: 2022/20033م

الترقيم الدولي: 9789776867499

مؤسس الدار

مروان محمد

Website: https://horofpdf.wixsite.com/ebook

Fan page: http://facebook.com/herufmansoura

Email: herufmansoura2011@gmail.com

هاتف جوال: 00201113006296 – هاتف جوال: 00201064054995

القواعد الستون للتعامل مع الأجانب

كتاب خاص للمصريين

تأليف:

د. رباب حسين العجماوي

بعد مرور إثني عشر عاما على التعامل مع الأجانب من الجنسيات المختلفة ـخاصة اليابانية والكورية؛ أهدي إليكم هذه الكلمات علّها تكون رفيقا لكم في التعامل معهم.

الكاتبة

صيف 2019

لا تفعل هذا أبدا وتحت أي ظرف، ولا حتى على سبيل المزاح؛ فكل الناس متساوون وأنت لست بأدنى منهم، كما أنه ليس من الظُرف أن تفعل هذا لتقلل الحاجز الثلجي بينك وبينهم لأن هذا يشوه صورتك لدى الأجنبي، فيستخف بك.

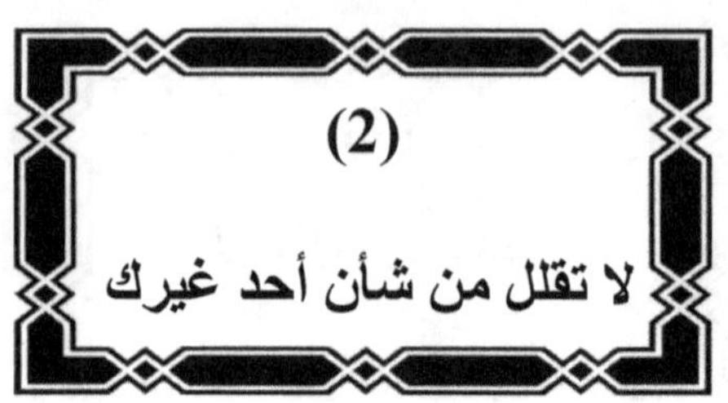

فإن فعلت هذا أمام الأجنبي سوف يحذرك، ولن يطمئن إليك؛ فكما تذكر غيره بما يكره سوف تذكره بما يكره أمام غيره، وإن تظاهر بصداقته معك.

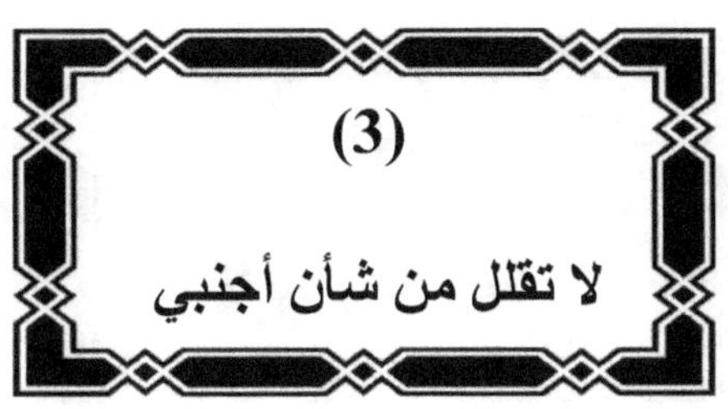

من المعلوم أن المصري خاصة يعلّي من شأن الأجانب الأوروبيين ومستوطني جنوب شرق آسيا ويحط من قدر الأفارقة تحديدا، وهو أمر غير محمود، خاصة وأن الناس كلهم سواسية، كما أن بين الأفارقة المثقفون وذوو النفوذ وأصحاب الأموال وحسنو العشرة، فلا يجب عليك أن تنظر للغير على أنهم أقل شأنا منك.

لا تبادر بالحديث في اللقاء الأول إلا عن سابق معرفة أو محدد الأفكار.

هذا لأن أي علاقة تبدأ بين إثنين لابد وأن تكون نابعة من رغبة الطرفين، وعليك أن تتأكد أن هذا الأجنبي يرغب بوجودك كما ترغب أنت بوجوده حتى لا يعتبر نفسه مميزا عنك ويكون له اليد العليا في هذه العلاقة.

يمكنك البدء في المحادثة وأنت مرتب الأفكار محددا ماذا تريد من هذه العلاقة، هل هي صداقة أم عمل أم غير ذلك.

سواء بينك وبين نفسك أو بينك وبين الأجنبي؛ حيث يميل الأجانب إلى تحديد العلاقات، غير أن هناك ثقافات لا تميل إلى استخدام مفردات صريحة للتعبير عما تريد وعلى رأسها كوريا الجنوبية واليابان، لكنهم يسمحون لغيرهم بالتصريح عما يبغون، فلا تخف.

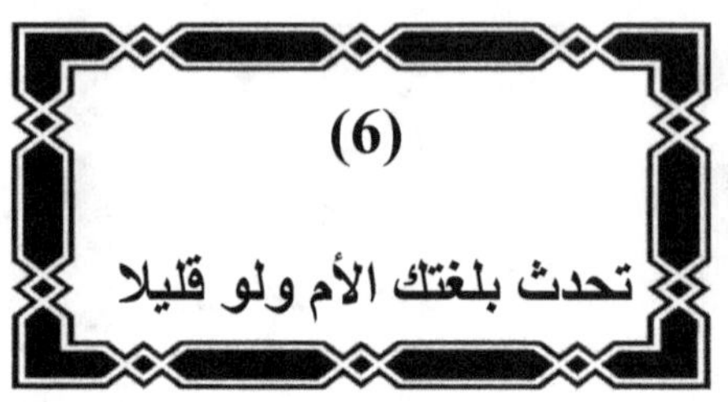

فإن التحدث عن اللغة العربية والتحدث بها ولو قليلا يعطي إنطباعا بإعتزازك بلغتك وقوميتك، رغم أنهم ينبهرون كثيرا عندما تتحدث بلغتهم ويرتاحون أكثر هكذا، لكنهم يعتبرونك شخصا سهل الإنقياد ومغترب تميل إلى ثقافتهم بأكثر مما تميل إلى ثقافتك، الأمر الذي سيفقدك بريقا تحتاجه في هذه العلاقة.

وسيساعد تحدثك بالعربية على إعلاء ثقافتك ونشرها كما أنه يصبح دافعا لتعلم هؤلاء للغة وعدم الإستهوان بها.

فمهما فعلت فإن هناك كلمات ومصطلحات قد تتلعثم فيها أو قد تخطيء، وهنا لا يجب عليك أن تخجل؛ فقط أنظر إليهم كيف يتحدثون العربية بصعوبة، وستجد نفسك أشطر منهم.

يمكنك استخدام لغة وسيطة مشتركة أو لغة الإشارة لتوصيل ما تريده من معنى، فإن الغرض الأساسي من أي حوار توصيل الفكرة التي تود أن يفهمها الآخر.

من العوامل التي تدفع الأجنبي لاحترامك هي تمسكك بديانتك، وعندما تصرح بهذا لا يفهم أنك متخلف بل على العكس يعكس هذا مبادىء متزنة تحتكم إليها، فلا تلتفت لمن يقول لك أن الدين تخلف؛ فهو لم يتعامل مع أجانب وإن تعامل فإنه شخصية منقادة.

لكن تكلم حول الدين بحذر فربما تثير الريبة بداخله حول كلامك عن دينك بمناسبة أو بغير مناسبة؛ فيعتقد أنك تبشر بالدين وهو أمر شائك، غير أنه لا بأس بالرد على الاستفسارات الدينية في حدود علمك وإحالته لمن هو متخصص عندما تتعثر في الإجابة.

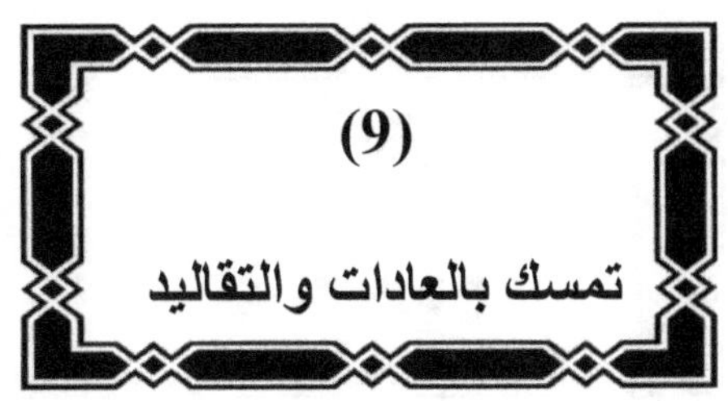

يهتم الأجانب بالجانب التاريخي والثقافي للبلاد التي يذهبون إليها وعليه فتمسكك بالعادات والتقاليد يعطي وقارا لك عنده، كما أن علمك بهذه العادات وتحدثك عندها يعد مصدرا للحديث ونقطة من نقاط التقارب.

عليك أنت أيضا أن تثبت على موقفك ولا تكن متأرجحا حتى لا تصيب الأجنبي بالحيرة ـخاصة وأنكما من ثقافة مغايرة، فهذا يصعّب فهمه لشخصيتك.

من أسباب احترام الأجنبي لغيره هو مدى تمسكه بمبادئه وهو ما يعكس شخصية قوية ليست منقادة، وهو ما يزيد من رصيدك عنده.

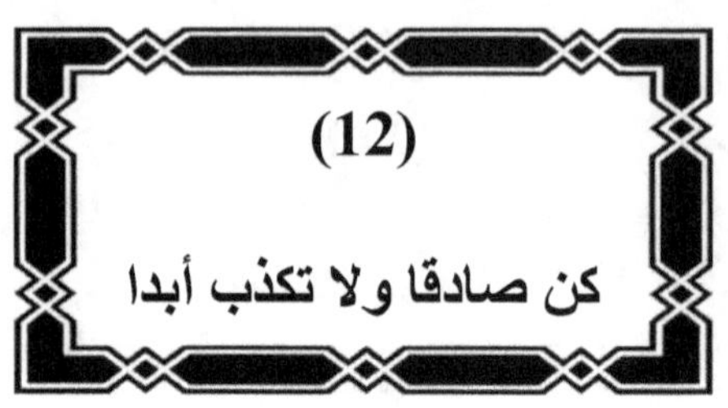

لا يوجد أي دين سماوي في هذا العالم يدعو للكذب، كما أن الأعراف والأديان الموضوعة تستنكر هذا السلوك، فعليك أن تبتعد عن الكذب وإن كان على سبيل المزاح؛ فإن الأجنبي يرى أن كل ما تقوله هو الحقيقة، كما يرى فيك انعكاس لصورة بلدك فعلى سبيل المثال إن كذبت فإن كل المصريين سيصيروا في عينيه كذوبين.

الأمانة صفة حميدة وتزيد من رصيدك عند الأجنبي وتجعله يصادقك فعلا، وهي مهمة جدا بالنسبة للتجاريين ورجال الأعمال، فالشيء الذي يجعله يفضل التعامل معك هي الأمانة.

ولا تغتر بكثرة معارفك فإن الخيانة تجعلك تخسرهم بلا رجعة، وسينتشر عنك سيطا سلبيا سيفقدك العلاقات المحتملة.

لا تتنازل عن حقك أبدا؛ فإنك إن فعلت سيستبيحون حقوقك دائما؛ ولهذا يجب عليك ألا تكون صيدا سهلا، وإن فعلت هذا من أجل سبب معين فعليك شرحه حتى لا تكون حقوقك مكتسبة لدى الأجانب.

من أقوى أسباب تقوية العلاقات مع الأجانب تقديم النصح والإرشاد دون سابق طلب منهم، وهو الأمر الذي يجعل المصريين طيبيين في عيونهم، فلا تنس تقديم النصح والموعظة، فهو أمر يجعل الأجنبي يفضل التعامل معك دون غيرك.

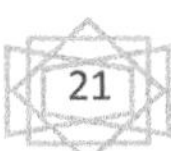

ضع الصداقة مع الأجانب في اعتبارك بجوار العمل، فاجعل بعض هذه العلاقات خارج إطار العمل أو يمكنك تحويلها بعد إنقضاء فترة العمل لصداقة.

فلابد وأن تكون محدَد العلاقات؛ فإن علاقة العمل قد تضر بالصداقة والعكس بالعكس، فمفهوم الصديق مختلف عند الأجنبي.

كن حذرا عندما تكوّن صداقات بألا تعطي معلومات حول بلدك تمس الصالح العام.

لا تدخل في علاقة مع أجنبي وأنت لا تعلم شيئا عن ثقافة بلده، وليس الغرض هنا التقريب ولكن لتفهم شخصيته؛ ففي كوريا الجنوبية مثلا نجد أن بنية العبارة تنتهي بفعل ويليه النفي وهو ما يعطي مساحة للفرد لاستنباط رأيك ليؤكد أو ينفي الفعل ـأي أنه لا يعبر عن رأيه الحقيقي بالضرورة؛ بل يعبر عما استنبطه على أنه رأيك أنت، وقد تعتقد أن ما يصرح به رأيه وأن هذا هو ما يجيش به صدره فعلا، غير أن الحقيقة قد تكون مغايرة لذلك.

أما في اليابان فنجد أن الفرد لا يعبر عن رأيه بالضرورة وإن عبر عنه فإنه لا يصرح به خاصة وإن لم يكن على وفاق في رأيه معك، ولهذا لا يجب عليك أن تضغط عليه لمعرفة رأيه الذي لن يصرح به.

ولهذا فإن أول شيء عليك به القراءة التي تفتح لك دروب الحياة، وهذه النقطة خصيصا معني بها رجال الأعمال والدبلوماسيين.

إنهم يفهمون ذلك على أنه تملق، وقد يكون هذا بالفعل غرضك لكنه يضر بصورتك، فتقبلك لكل ما هو صغير على أنه كبير يجعل منك صيدا سهلا للأجانب، ويجعل من الأجنبي كسولا في تقديم خدماته، وإذا كنت في صفقة معك لن يعطيك أفضل ما عندك؛ لأنك ترضى بالقليل.

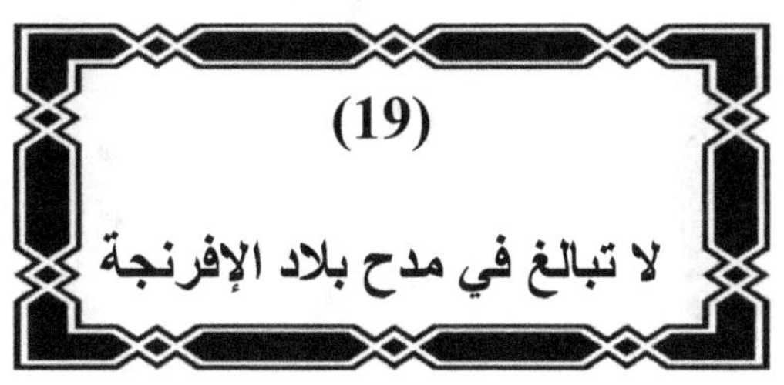

هذه قاعدة مهمة جدا فلكل بلد محاسنه ومساوئه التي يعلمها أهلها ومعنى أنك تبالغ في مدح بلده أنك لست على دراية بالوضع الحقيقي لهذا البلد وقد يستخف بك أو يبالغ هو في رفعة بلده وأحيانا على حساب بلدك.

وقد تعكس هذه المغلاة عدم إنتمائك لبلدك وهو بالأمر الخطر فتجده إما أن يقلل من شأن بلدك أمام الآخرين أو يعلي من بلده أو أصحابك أو يضحك هو وصديقه من نفس البلد على عدم معرفتك مثلا.

فأنت في تعاملك مع الأجانب تعد سفيرا لبلدك وإن سلكت سلوكا سلبيا سينعكس بالضرورة على كل من يشاطرك جنسيتك فتنبه لسلوكك.

لا تضخم من حجم السلبيات في بلدك.

كما ذكرت سابقا فإن لكل بلد مساوئها وعليه ليس عليك تضخيمها وتصدير صورة سلبية عن بلدك، كما ليس عليك أن تغالي في تقديم إيجابيات غير حقيقية، ففي الحالتين تجعل من بلدك مضغة في الأفواه.

ليس عليك إلا أن تحترم بلدك وإن عُرضت أمامك السلبيات عليك بمناقشة الموضوع من زواياه حتى لا تظهر بمظهر المدافع أو الغافل.

بإنكارك واقعا بيننا ستعكس صورة الإنسان الغير واعي والغير عقلاني أو منطقي وبهذا قد تخسر كثيرا؛ لذا فكر قبل أن تتفوه بحرف ولا تلجأ لإنكار واقع فقط يمكن أن تعبر عن رفضك له لا أن ترفض وجوده من الأساس.

يعد تقديم الإعتذار من أهم قواعد الإتيكيت، ويجب عليك معرفة كيفية الإعتذار ومتى.

فللإعتذار درجات وأنواع فهناك الإعتذار الصريح وهو بعبارات الأسف المعروفة في كل لغات العالم وهناك الإعتذار غير الصريح بتقديم الهدايا أو افتعال موقف وهكذا.

غير أنه بكل الأحوال لا تطل المدة، فبمجرد إدراكك للخطأ عليك بالإعتذار لأنه يرفعك في عيون الأجنبي درجتين درجة لإداراكك الخطأ وأخرى لإعترافك به في الوقت المناسب.

ولا يجب أن تخجل؛ فأينما وجد الإنسان وجد الخطأ؛ المهم كيف تتدارك هذا الخطأ.

لابد لنا من فهم الفرق بين الهدايا والرشوة فلا يجب تحت أي ظرف أن تقدم الهدايا إن كانت هناك مصلحة تنتظرها منه، كما أنه عليك أن تختار حجم الهدية والغرض منها ويفضل أن تحمل طابع البلد التي تنتمي إليها؛ فعلى سبيل المثال نرى حب الأجانب للحضارة الفرعونية، فيمكنك شراء هدايا من هذا النوع.

إعط فرصة لخطأ غيرك، وحقه في القبول والرفض لطلباتك، ففي النهاية الأجنبي بشر؛ فلا يجب عليك أن تتعامل بمشاعرك في هذه العلاقات بل كثير من العقل والتعقل أفضل.

الأجنبي هذا ليس ملكك وحدك، كما أنه صديقك يمكنه أن
يصادق غيرك، فاترك له مساحته حتى لا تكون علاقتك به عبء
عليه.

حافظ على الوقت وإدرك قيمته.

فمن المعروف أن العرب -وخاصة المصريين- لا يدركون قيمة الوقت، وعليك أن تحترم المواعيد وتحافظ على الوقت حتى وإن كان غيرك لا يفعل.

بإدراكك هذا ستجعله يدرك أهمية وقتك ولا يضيع وقتك الثمين في أفعال صبيانية قد تضر بك.

كما أنه لابد وأن تكون جادا عليك بأن تكون مرحا أحيانا وتلقائيا حتى تخفف عبء هذه العلاقة وتتحرر قليلا من ضغوط الحياة خاصة وإن كانت علاقة عمل.

لكن تنبه أن كثرة الإستظراف قد تولد صورة غير حميدة عنك، فحاول أن تبرز هذا الجانب دون أن تشوه صورتك الجادة، لتظهر متزن الشخصية.

إن العرب لهم صورة بعيدة عن العمل وقيمته وهنا أود أن أذكر أن العمل في حد ذاته مهم لكن إتقانه هو الأهم؛ لذا فعليك بإتقان عملك والقيام به على أكمل وجه لتعطيه سببا لاختياره لك.

إن هذا المفهوم للأسف غير شائع في الوطن العربي، ونجد على إثر ذلك المركزية ومفهوم الفردية على حساب الجماعية، وهو الأمر الذي يجعل الأجانب متوجسين خيفة من التعامل معك كفريق.

ويرتبط هذا المفهوم بمفهوم حب الظهور لدى الآخر مما يدفعك لأن تضر بمصلحته لإظهار نفسك محل الاهتمام والنبوغ.

عليك أن تدرك جيدا أنه بلا عمل جماعي وبلا نظرة على مصلحة الجميع سينهار الفريق وإن حققت المجد لنفسك؛ لهذا يحترمك الأجنبي بشدة إن أدركت روح الفريق وأساسيات التعامل مع فريق العمل.

وهي قاعدة ترتبط بسابقتها؛ فنزع حب الذات من قلبك يقرب الناس إليك ويجعل الأجنبي يفضلك على غيرك ممن يحبون أنفسهم.

فمعك يمكنه أن يكسب هو أيضا، كما يمكنه أن يتعامل معك بشكل أوسع.

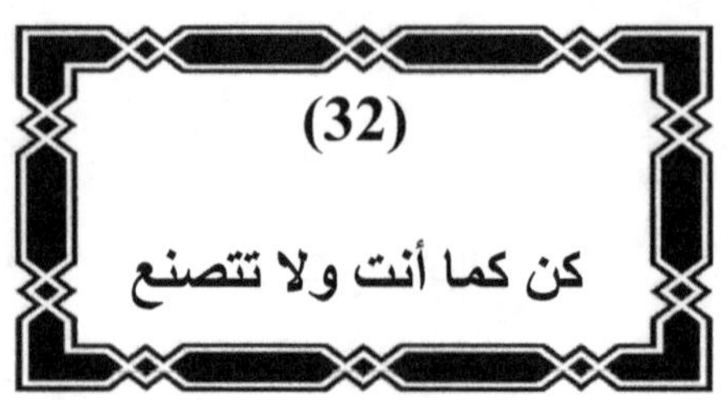

مهما كانت درجة إتقانك من التصنع فإن حقيقتك سوف تظهر، إما أن تكون كما أنت دون أن تتزين أمام الآخر، وإما أن تهذب نفسك فعلا، فإنك إن تصنعت لن تجد من الأجانب من يقف بجانبك ولن تستطيع أن تكون صداقات تدوم لسنوات.

فإن الاجتهاد تجعل الأجنبي يحترم مجهوداتك وإن لم تكن على أكمل وجه، ستجعله يصبر عليك؛ فهو يعلم جيدا أنك مجتهد، وياحبذا لو كنت ممن يتقبلون النقد ستكتسب الكثير من الخبرة في وقت قليل وستستحوذ على إعجاهم بسهولة دون بذل مزيد من المجهود.

لا تتهاون أبدا مع أحد فإن تهاونت سيستخفون بك، ولكي يحسبوا لك حسابا قبل الخطأ في حقك.

لا تتهاون معهم وإن كان هذا في صفقة من الصفقات، فهذا ما يجعله يشعر أنه لا يستطيع أن يتحكم بك، وسيندم على استهوانه بقدراتك ويتراجع عن موقفه، أما إن حدث العكس فلا تلومن إلا نفسك.

لا تغالي في ردات فعلك أو تقديراتك.

كن معتدلا في ردات فعلك مع الأجانب حتى يستوعب سلوكياتك ويمكنه مجاراتك، لكن المبالغة في التقدير أو في ردات فعلك تجعلك إنسان غير ناضج وأهوج في نظر الأجنبي.

من المعروف أن أي أجنبي ـخاصة بمصرـ يتم استغلاله ماديا وبشكل فج، فعليك أن تغير هذه النظرة تماما، واعلم أنك حينما تكون مستغلا فإنك ستكون علاقات على المدى القصير جدا بين الأجانب، وتأكد أنه حينما يدرك استغلالك سيبعد عنك بل ويحذر غيره أيضا.

ليس مهما أن تكون مبدعا أو إمكانياتك تبلغ عنان السماء،
لكن الأهم أن تعرف كيف تعرض نفسك أمام الآخرين لتكتسب
ثقتهم فيك وفي إمكاناتك.

لا تفعل هذا حتى لا تندم ويصعب عليك أن تتراجع عن هذا القرار، فإتخاذك قرارا خاطئا مرة مقبول لكن رجوعك في قراراتك لأكثر من مرة لعدم التأني يفقدك الكثير من الثقة والاحترام لدى الأجنبي.

هناك العديد من المواقف التي حدث بها سوء الفهم والتي أدت إلى مشكلات دبلوماسية على صعيد الدول فما بالنا بالأشخاص.

وهي أيضا مفتاح التقارب بين الثقافات، وتمكنك من فهم الأجنبي بسهولة خاصة إن كان غير صادق معك، فيمكنك التعرف على كل هذا من خلال لغة الجسد ونغمة الصوت وطريقة الإلقاء وغيرها من الأشياء التي تصحب الجمل التي يقولها الأجنبي لتمكنك من استشفاف ما لا يود قوله.

ويمكنك استخدام حركة بسيطة في ثقافتك تعني تحقيرا في الثقافة الأخرى فإحذر عدم إلمامك بها.

إن تعرف إمكانياتك فهو أمر محمود غير أن المبالغة في تقدير ذاتك يجعلك تخطيء في الحكم على الأشياء وعلى علاقتك بالآخرين.

في العلاقات مع الأجانب لا تتمسك بالثوابت التي اعتدت عليها، وإن كانت علاقة عمل فلا تكن واثقا من نفسك حد السقوط من الحافة.

عليك بمعرفة مميزاتك وهو أمر ليس كل البشر على علم به، ولكي تحصن نفسك عليك بمعرفة نقاط ضعفك أيضا؛ لتتجنب أن يستغلها أحد ولمعرفة كيفية التغلب عليها.

لكل دولة محاسنها ومساوئها فلا يجب عليك الإنبهار بالآخر على حساب رؤية الحقيقة بل عليك البحث عن الصورة الحقيقية للأجنبي وبلده.

وعلينا أن نأخذ الحسن من عندهم فقط وبما يتناسب مع مجتمعنا وديننا وترك كل ما هو سيء.

حتى تترك بصمة في علاقاتك مع الأجانب عليك وضع قواعد خاصة في التعامل والتقيد بها.

وهي نصيحة أقدمها لكم أيها القراء الأعزاء وعن تجربة شخصية، وهو ما يجعلك مشهورا بين الأجانب حقا.

(44)

كن دبلوماسيا

كن دبلوماسياً ولا تشخصن الموضوعات.

في العلاقات مع الأجانب نسبة ظهور أخطاء في العلاقات والفهم كذلك نسبة السؤال عن أحوال البلاد السيئة كبيرة جدا، وعليك ألا تكون مباشرا تماما بل دبلوماسيا في الرد خاصة وإن كنت لا تتفق معهم في رأي ما.

كما عليك التوضيح بهدوء عن سبب رفضك لموضوع معين دون شخصنة أو إساءة لأحد.

لابد لكي يثق بك الآخر أن تبدو أنت أيضا واثقا من نفسك، وثقتك هذه تدفعك للقيام بأشياء قد تحسب نفسك غير قادر عليها.

فالعلاقات مع الأجانب قد يشوبها علاقات تضرك فيكون هدف الأجنبي الاستفادة منك دون إفادتك أنت، وفي سبيل ذلك عليك أن تكون فطنا حتى لا تقع فريسة لعبة قد صنعها الأجانب خصيصا لك.

فلابد لك من حساب تصرفاتك وعواقبها ولا تكن مستهترا فتقع في المشاكل، وبالطبع لا يعجب أحد بشخص دائم الوقوع في المشكلات أو يحتاج لشرح موقفه دائما.

إن كنت كتوما غامضا وتحفظ الأسرار سيدفع ذلك الأجانب لمصاحبتك، وعلي العكس إن كنت غير ذلك فسينفرون منك ويحذرونك.

من الصفات المشهورة عن المصريين "الفهلوة" وعند السوريين "الفلهوة" وعليه فإن التحاذق أي اختيار أقصر الطرق لإنفاذ هدفك دون النظر للوسيلة، من أهم الصفات التي يجب أن تتجنبها فهي صفة ستوقعك في أخطاء قد تصل لحد السجن خاصة في ظل اختلاف القوانين بين الدول.

كما سبق وأن قلنا إن العلاقات مع الأجانب تحمل نسبا أعلى في فهم الآخر فهما خاطئا، ولهذا يجب عليك أن تكون متسامحا أكثر مع الأجنبي حتى تحافظ على علاقات طويلة الأمد.

إن البشاشة مفتاح العلاقات مع الأجانب وهو أمر تفتقده معظم دول العالم فعليك أن تتمسك بها حتى يتهافتون ليتعاملوا معك.

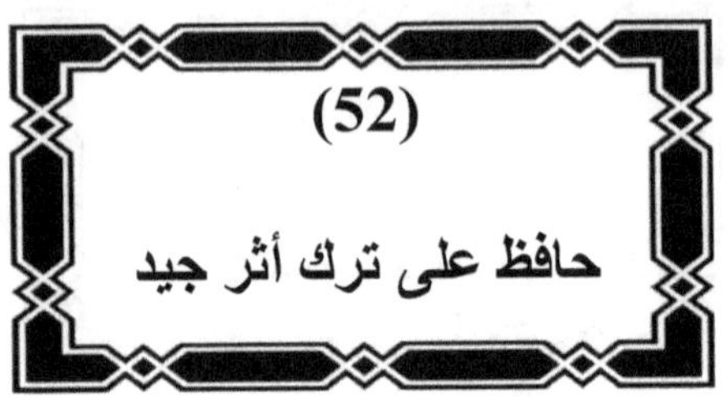

لا تبخل على نفسك بأن تكون قدوة وحافظ دائما على ترك أثر جيد وانطباع جميل في نفوس الأجانب، فتكون بذلك صورة إيجابية ستنسحب بالضرورة على كافة المشاركين لك في الجنسية فإن كنت مصريا ستجد الأجانب ينظرون إلى كل المصريين بنظرة واحدة.

فلا تنس هذه المسئولية الاجتماعية التي تقع على عاتقك في معاملتك معهم.

كما أن عرض نفسك أمامهم تتطلب مهارة فإن الملبس أيضا يتطلب بدوره مهارة؛ الحمد لله أنا محجبة وإلتزمت بهذا الحجاب ، لكن علي أن أظهر بمظهر أنيق وهو أمر أحاول الحفاظ عليه دائما.

أي لا يجب عليك أن تغير نمط ملابسك فقط إعتني بالتفاصيل وكيها بإنتظام حتى يروا منك ما يرضونه.

ولا يعني هذا التقيد بالملابس الرسمية بل يعني اختيار الملابس بعناية، وافتخاري بالحجاب جعل نظرة الاحترام إليّ تزيد والحمد لله؛ فهم يترجمونها الحفاظ على الدين والتقيد بالعادات والتقاليد، وقوة شخصية.

وإن كنتِ مسلمة غير محجبة فستكونين عرضة للتساؤل من قبلهم وإن كنتِ ممن خلعن الحجاب فستكونين عرضة لنقدهم من أمامك ومن خلفك، وأنا أتكلم عن تجارب شخصية عايشتها بنفسي بين الأجانب.

إحرص دائماً أن الاختلاف لا يصاحبه خلاف.

كثيرا ما نسمع هذه الجملة: "اختلاف دون خلاف" وبالتأكيد ينبع الاختلاف من تنوع ثقافتنا وخلفياتنا الاجتماعية والاقتصادية وغيرها من عوامل وأجناسنا وهو شيء بديهي يعمل على اختلاف البشر، لكن عليك ألا تغالي في التمسك برأيك وألا تتقبل من غيرك حتى التصريح برأي مخالف فيصير خلافا بينكما من الصعب إصلاحه.

فهذا قد يدفع الأجنبي إلى عدم مصارحتك تماما بما يجيش في صدره، بل ويجعله يضمر لك العداء أحيانا، فتجنب الخلاف.

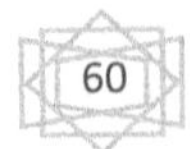

نصيحة في علاقاتك مع الأجانب لا تشغل بالك بالساسة أو السياسة لكن عليك أن تعلم عنهم جيدا، وإن كنت دبلوماسيا أو تشغل منصبا سياسيا فلا تصرح برأيك.

قد تستغربوا من هذه النصيحة لكل كل العاملين بالسفارات والدبلوماسيين من قابلتهم في دولتي كوريا الجنوبية واليابان لا يصرحون أبدا بآرائهم السياسية.

وكل من قابلتهم وتحدثوا عن السياسة نجد أنها ولدت مشاحنات وفجوات بــ... داع، ولهذا حاول أن تتجنب الحديث عنها فلا طائل منها.

أيضا يمكن أن يكون الهـ... فتح هذه الحوارات أخذ معلومات حول ما يشغل الناس في ... آراء الناس فلا مشكلة من الرفض في خوض هذا الحديث.

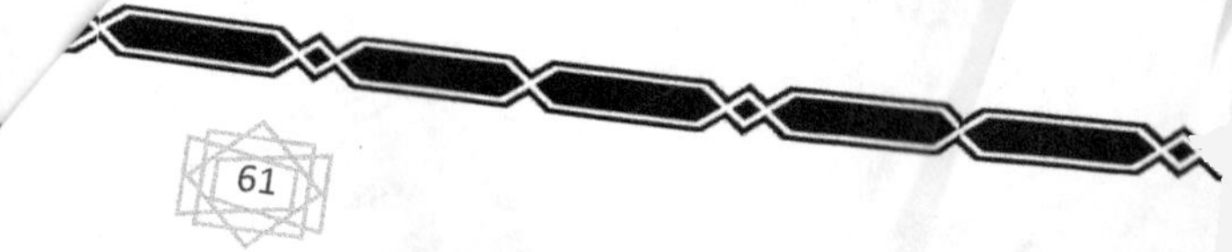

أوفِ بالعهد

لا تقل كلمة إلا وإلتزم بها، وإجعل كلمتك سيفا يقطع بحدة، حتى لا تدع مجالا للمراوغة في هذه العلاقة، وستترك بهذا أثرا طيبا.

وهذه النصيحة كُتبت خصيصا لأصحاب التجارة ورجال الأعمال.

حينما يدرك الأجنبي قيمة عملك أو قيمتك العلمية فإنه يسعى ليستفيد منك وليفيد بلده وفي سبيل ذلك يجاول جاهدا لأن يرضيك، وعليك ألا تكون ماديا لأنها نقطة ضعف واضحة يمكنه استغلالك من خلالها، كما أنك بماديتك قد تخسر علاقات قد تدر عليك أموال معقولة قيما بعد، كذلك يمكنه استخدام القليل من المال ـأي يبخسك حقكـ لدفعك لعمل أشياء قد تضرك؛ فإحذر هذه النقطة.

والملبس والمناسبات الثقافية

وهو ما يعكس اهتماما خاصة من لدنك لثقافتهم وهو ما يقربك منهم ومن طرق تفكيرهم، وتقيد بالحلال والحرام حسب ديانتك فالأجانب يحترمون الدين جدا خاصة الكوريون واليابانيون، أما الآخرون فيحافظون على آرائهم الخاصة بالدين طالما أنت بدولتك.

فتعامل على سجيتك ولا تقلق من شيء.

العنف هو أسلوب يعكس ضعف الشخصية وعدم النضج تماما ويجعلهم يهربون منك، وهنا أقصد العنف الذي يبدأ بالنظرة إنتهاءً بالعنف الجسدي.

ولا تنسوا أبدا أن العنف مجَرم على مستوى القوانين الدولية والتشريعات والقوانين الداخلية لكل دولة؛ ففي أوروبا يعد التحديق في إثنين متحابين في الشارع جريمة.

وهنا يجب التأكيد على أنك قد تقع تحت طائلة القانون أو القانون الدولي جراء هذا، ولا يصح ألا تتحكم في انفعالاتك.

لا ينطبق على الحب كمشاعر مولودة بينك وبين أجنبي/ة لكن في ظل القواعد الماضية ستجد نفسك تتجنب الكثير من المشكلات، وستكون جذابا حقا أمام الآخر.

وقبل أن تدخل علاقة عاطفية بأجنبي/ة لابد وأن تضع حدود لهذه العلاقة وأن تكون صريحا ومباشرا في مبتغاك، كما عليك أن تكون ملما بأوضاع وقوانين البلد الأجنبي التي سوف ترتبط بشريكك منها.

وعليك أن تضع خططا مسبقة لكل خطواتكما معا، وأن تستمع إلى الشريك في كافة التفاصيل.

في النهاية أتمنى أن أكون قد قدمت إليكم نصائح تستخدمونها في التعامل مع الأجانب، متمنية أن تكون علاقاتهم مثل بعض من علاقتي التي استمرت عشر سنوات أو أكثر معهم.

الكاتبة

د. رباب العجماوي

ضيف هاتف الدار على موبايلك مباشرة   لزيارة موقع الدار

لزيارة صفحة الدار   للتواصل مع الدار واتس آب

مجلة الدار لإصداراتها الورقية